U0920277

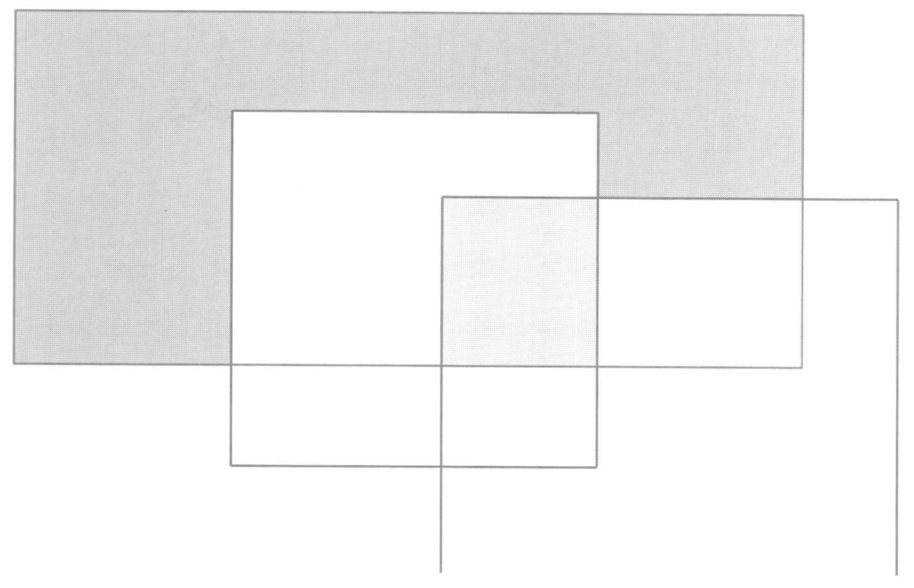

深圳共和村经济与文化发展的“双提升双转型”之路

郭立军　许利平◎等著

中国社会科学出版社

图书在版编目(CIP)数据

深圳共和村经济与文化发展的"双提升双转型"之路/郭立军等著.
—北京：中国社会科学出版社，2017.9
ISBN 978-7-5203-0816-8

Ⅰ.①深… Ⅱ.①郭… Ⅲ.①区域经济发展—研究—龙华区
②文化发展—研究—龙华区 Ⅳ.①F127.653②G127.653

中国版本图书馆CIP数据核字（2017）第187377号

出 版 人 赵剑英
责任编辑 陈雅慧
责任校对 王新乐
责任印制 戴 宽

出 版 中国社会科学出版社
社 址 北京鼓楼西大街甲158号
邮 编 100720
网 址 http://www.csspw.cn
发 行 部 010-84083685
门 市 部 010-84029450
经 销 新华书店及其他书店

印刷装订 北京君升印刷有限公司
版 次 2017年9月第1版
印 次 2017年9月第1次印刷

开 本 710×1000 1/16
印 张 6
插 页 2
字 数 49千字
定 价 36.00元

序

共和国有一个共和村，共和村里有故事——本书的作者，是一批年轻优秀的社会科学家。他们调研分析的是，中国城镇化建设过程中城中村的产业与文化，是如何提升与转型的？

在人类社会发展过程中，城镇化是一个重要的发展阶段。在今天的中国，在每一个城市，产业升级与城市功能转型以及城边村、城中村的城市改造都在同时进行。在这一过程中，需要政府指导与村办产业配合，进行高效、合理、具有前瞻性的城市发展规划与产业升级计划，植入健康文化与互联网信息化运营模式，落实产业升级，增加村办产业的造血功能，满足城镇化带来的民众生活需求，这样才能使经济发展与社会文化相得益彰，实现“双提升双转型”，保持城中村、城边村的社会稳定。本书调研的深圳龙华区共和村与共和农业集团，就是其中成功的范例。

与历史上最初的城市化过程不同，城中村与村办产业“双提升双转型”是一个改革的过程，涉及更多群体的利益协调，需要领导社会各成员进行更多的协商，这对政府的社会治理能力是一个很大的考验。深圳龙华区共和村在领导班子的带领下，联合本村居民孙锦平管理的共和农业集团，自力更生，将一个村办旧工业园改造得恢复了蓬勃生机，成为村民的

“钱袋子”，园区还被评为深圳市安全文明小区，兴建的共和农贸批发市场，成为周边60万居民不可或缺的“菜篮子”，被评为深圳市平安市场、龙华区A类市场。

为了研究共和村与共和农业集团在“双提升双转型”过程中的问题以及经验，调研组对共和村负责人游煜富、游寿荣和共和农业集团负责人孙锦平等原住民进行了访谈，发掘分析共和村与共和农业集团这一群共和人，如何通过“工改商”，因地制宜，建设共和农贸批发市场，改造、提升社区经济，实现自己的中国梦（共和梦）；如何令昔日村内工业园的死胡同、断头路旧貌换新颜，使其成为社区居民休闲购物的商业街，成为当地的日用小百货批发中心。同时，共和村欣欣向荣的社区经济建设，也为社区文化建设提供了资源。

智者虑远，见微知著。通过调研与分析共和村与共和农业集团（共和农贸市场等企业）的经济与文化转型，可以看到，在城镇化进程中，村庄会变成城中村，农村户口会变成城镇户口，农民会变成城市居民。村民既可以通过自建出租屋赚钱，又可以享受社区集体经济“分红”等政策红利。与众多在城中村租房蜗居的打工者相比，村民生活优渥，令人羡慕。

但同时，村民又自认为是“弱势群体”，与外来工友和谐相处，相安无事，通婚结亲时有所闻。村民与外来打工者共同努力，建设深圳大都市，实现各自的中国梦（共和梦）。

本书作者深入基层，广泛调研，集思广益，书稿文笔流畅，插图真实，素材新颖，是近年来接地气的佳作。

吴井田

2017 年 2 月 26 日

目 录

前　言

今天的中国，在很多城市里，产业升级与城市功能转型以及城边村、城中村的城市改造同时进行，调研组把这一转变称作“双提升双转型”。在这一过程中，政府需要进行高效、合理、具有前瞻性的城市发展规划，才能够使经济发展与社会发展相得益彰。与一座城市最初的城市化过程不同，“双提升双转型”是一个改革的过程，涉及更多群体的利益协调，需要领导社会成员进行更多的协商，这对政府的社会治理能力是一个很大的考验。为了研究“双提升双转型”过程中存在的问题以及经验教训，本调研团队深入“深圳国情调研基地”，选取正在进行城中村改造的深圳龙华区共和村为对象，采用访谈和参观等方法进行了实地调研。

深圳是中国实施改革开放政策以来设立的第一批经济特区之一。自1980年经济特区成立以来，深圳一直走在中国改革开放的前列。20世纪80—90年代，深圳凭借灵活自由的政策支持、比邻港澳的地理位置、深水良港的自然禀赋以及勇于探索、开放包容的精神，吸引了来自中国港澳、日本等诸多先进国家和地区的外资，承接了这些国家和地区的产业转移，并且通过“三来一补”的方式成为全球制造业重要的代工城市之一。在这一过程中，深圳人在靠近香港的沿海地区建设起大量厂房，大量农民工来到深圳这个历史上仅有1万市民、30万村民的小城市，深圳开始了快速工业化，也是快速城市化的过程。进入21世纪后，中国的劳动力成本、自然环境成本不断增加，深圳开始进行产业升级，对高端技术人才的需求越来越大。

近年来，政府不断倡导产业升级，提出了“中国制造2025”、“大众创业、万众创新”、“互联网+”以及“一带一路”等新思路。在这样的背景下，深圳的产业升级加快了步伐。2015年“前海蛇口自由贸易区”正式成立，技术创新、金融创新以及全球物流网络的构建成为深圳新的发展动力。

深圳所需要的人才结构发生了变化，对高级技术人才、高端服务业人才、国际型人才的需求增加。如果产业升级完成，深圳社会文化中新兴中产层文化的比重将增大。从另一角度看，深圳社会文化只有朝着这个方向转型，才能够保证其产业升级的成功。

在深圳，龙华区的城市化开始较晚，存在大量90%以上人口为常住人口的“城中村”，共和村就是其中之一，正在进行城市化改造。龙华区及其附近有富士康、华为等大企业，这些企业在深圳产业升级、地价上涨的情况下，正在将生产部门转移出去，未来留在深圳的部分将以设计、研发和经营为主。因此，龙华区的“城中村”承担着“双提升双转型”的任务，在经济环境方面，面临产业升级的洗礼；在城市化方面，面临社区文化升级的课题。

不仅如此，共和村还是深圳移民社区的典型代表，这里本地村民与外来人口的比例达到1∶243。政府既要在曾经是农村的土地开发中，引导本地村民达成共识，还要为外来移民服务，引导本地人与外来人和谐发展。因此，共和村在深圳的“双提升双转型”中具有代表性，是一个典型研究案例。

调研组主要围绕以下问题对“共和村”展开了调查研究：

第一，在农民转市民的过程中，深圳各级政府以及村委会如何引导原住民对共和村的城市化改造达成共识？

第二，在城市开发的过程中，深圳各级政府以及村委会如何协调原住民与外来企业、外来劳动力之间的利益分配？

第三，在产业升级的背景下，深圳政府以及村委会如何引导，对已有社区进行改造？如何进行新的城市文化建设？

本书对上述问题的现状、问题解决过程中存在的阻力，进行了调查分析，并尝试分析了共和村“双提升双转型”工作中存在的经验和教训。

一

共和村的基本情况

1. **地理与人口特征**

共和村，位于深圳市龙华区龙华办事处松和社区，梅龙路与东环二路交汇处，东邻富士康工业区，西临地铁龙华线，北依龙华文化广场，南距深圳北站4千米，交通方便，总面积为1.27平方千米。

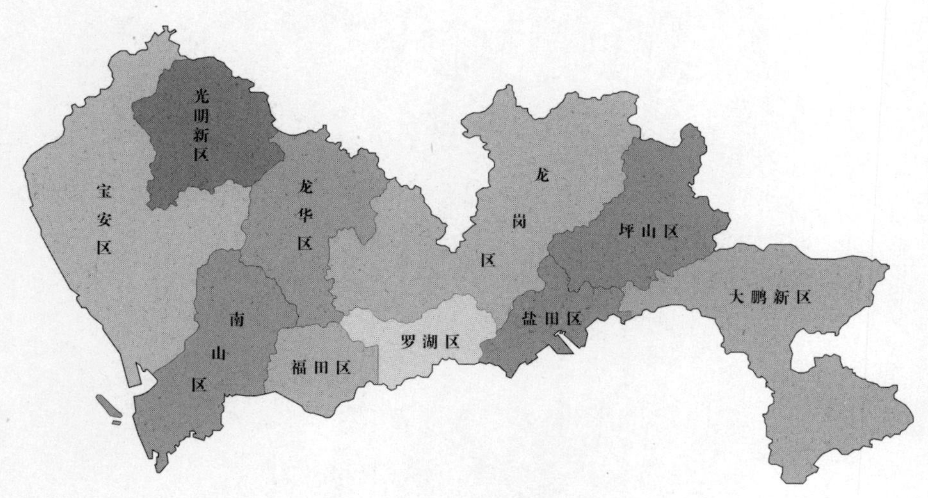

图1　龙华区地理位置

在目前的城市发展规划中，共和村被划分为A、B、C三个区域（图3）。

其中，共和村A区位于东环二路南侧，梅龙大道西侧，占地面积约为4.56万平方米，现状房屋138栋，现状建筑多为7—12层的混凝土多层房屋，建筑面积约为14.4万平方米，居住人口约16000人，居

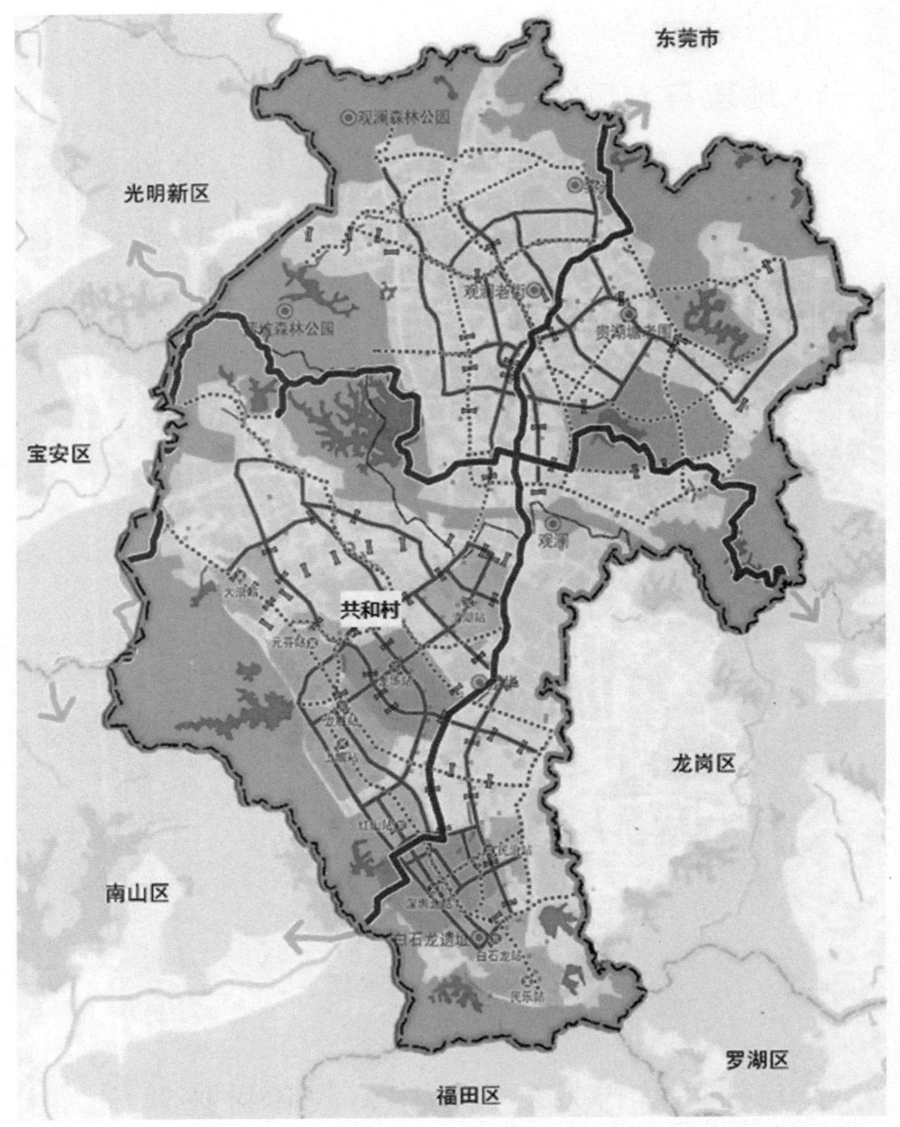

图2　共和村地理位置

住密度为2.85平方米/人，房屋租住比约为7∶3，主要居住人员为外来务工人员，在共和村附近的华为和富士康工作。共和老村位于共和村A区南侧，梅龙

图3 共和村划分为 A、B、C 三个区域

大道西侧，占地面积约为 3.5 万平方米，现状房屋 300 栋，现状房屋多为年代久远的砖房，建筑面积约为 1.8 万平方米，居住人口约 2500 人，居住密度为 14 平方米/人。共和老村内居民多从事废品收购业，老村内物品堆放杂乱，由于地势低洼，雨季内涝严

重。为了共和老村内2500多居民的安全，2016年8月，经政府动员，全部居民已经自愿搬迁到新村居住。

共和新村B区位于东环二路南侧，梅龙大道东侧，龙华河西侧，占地面积约为1.44万平方米，现状房屋94栋，现状建筑多为7—12层的混凝土多层房屋，建筑面积约为10.39万平方米，居住人口约11000人，居住密度为1.31平方米/人，房屋租住比约为7∶3，和A区相似，主要居住人员为在华为和富士康工作的外来务工人员。

共和新村C区位于东环二路南侧，龙华河东侧，占地面积约为2.8万平方米，现状房屋94栋，现状建筑多为7—12层的混凝土多层房屋，建筑面积约为10.39万平方米，居住人口约11000人，居住密度为2.55平方米/人，房屋租住比约为7∶3，主要居住人员仍然是外来务工人员，工作单位多在华为和富士康。

共和村是典型的移民村，户籍人口300人，常住人口500人，暂住人口7.3万人，本地人口与外来人口的比例达到1∶243。暂住人口的主体是在富士康工作的外地劳工，这些劳工来自全国各地，流动性非常强，年龄结构以二三十岁的青年人为主。

2. 经济环境

共和村所在的龙华区工业发达，生产领域涉及通信设备、计算机、机械制造、自行车、塑胶、玩具、烟草、服装、钟表、印刷、医疗器材、家具等行业，形成以工业为主导、电子信息业为支柱、外向型经济特征显著的发展格局。2013 年，辖区生产总值达到 510 亿元，同比增长 2.9%。规模以上工业总产值 1746.47 亿元。固定资产投资 64.03 亿元，社会消费品零售总额完成 88.64 亿元，两税收入实现 111.26 亿元，增长 12.69%（其中国税收入 74.81 亿元，地税收入 36.45 亿元）。新增注册企业 7393 家，同比增长 131%，其中注册资本 5000 万元以上的企业有 61 家。新增银行类金融机构 11 家，辖区一级支行银行机构人民币各项存款余额达到 833 亿元，同比增长 34.46%

龙华区是深圳中北部的商贸中心，第三产业较为发达。在最密集的龙华商业中心 10 平方千米范围内，聚集了天虹商场、华润万家、大润发商场、岁宝百货、国美电器、苏宁电器等“中国连锁百强”企业的 20 多家大型零售卖场，形成了辐射深圳中北部的核心商圈。辖区已建三星级以上酒店 4 家，其中五星级酒店1家。有内外资银行89家，共设立一级支行32个。依托深圳北站、龙华汽车站等交通枢纽和辖区完善的交通路网，成长起和记黄埔物流、华南国际物流、华通源公路货运中心等一批骨干物流企业，物流业务覆盖全市。2014年，龙华区商贸业发展迅速，辖区实现社会消费品零售总额221.87亿元，同比增长9.4%。2015年1—10月，辖区社会消费品零售总额达到192.1亿元，同比增长3.6%，增速排名全市第四。截至2014年年底，龙华区商业网点总数达到39165个，占全市的13.6%，在全市排名第三位，商业网点总面积为459.1万平方米。其中5000平方米及以上商业网点98个，营业总面积220万平方米，中航九方、星河COCOCITY、观澜湖MH Mall、益田假日广场、8号仓奥特莱斯、北站优越时代广场等大型零售商业体有50家。区独立注册法人汽车销售企业为29家，其中汽车4S店22家，中高端品牌齐备。截至2015年上半年，区拥有华南国际物流、深国际华通源物流、凯东源物流、和记仓储、凯通物流龙华基地、凯通物流观澜基地6个物流园区，规模以上物流企业31家，各物流园区出口监管仓共15个，出口保税仓9个，形成深圳中北部的物流枢纽。

根据规划，龙华区拥有市级商业中心1个（全市共5个)、区级商业中心1个(全市共18个)、市级商贸功能区1个(全市共5个)、特色商业区及特色商业街若干。近几年来,区通过合理规划和系统布局,逐步形成"一廊双核多中心"的综合商业空间格局和具有龙华特色的商贸发展空间布局。龙华区作为深圳重要的电子信息产业和优势传统产业聚集基地,产业基础扎实,工业化程度较高。辖区有各类工业企业9000余家,其中规模以上工业企业800多家,生产领域涉及电子信息、医药制造、汽车、机械铸造、服装、卷烟等。2014年,龙华区地区生产总值为1497.8亿元,同比增长8%,占全市生产总值的9.4%,位居全市十个区第六;规模以上工业总产值3822.19亿元,占全市的15.7%,出口总额395.35亿美元,占全市的13.9%,工业在全市十区中位列第四,出口在全市十区中位列第三;2014年外贸依存度为265%。

龙华区的通信设备、计算机及其他电子设备制造业产值,占区规模以上工业总产值的67%。高端汽车、装备制造等先进制造业发展态势良好,长安标志雪铁龙汽车有限公司落户龙华区。永丰源瓷文化创意产业园项目顺利推进,全球最大的观澜高尔夫球会蓬勃发展。商贸流通业业态层次不断提升,商业氛围日趋成熟，知名品牌加快入驻和布局。其中，战略性新兴产业发展势头强劲，新一代信息技术产业总产值和销售收入规模快速增长，形成了英飞拓、顺络电子等一批效益好、带动力强的龙头企业。生物医药产业聚集了华润三九、致君制药等一批产品附加值高、利润率高、市场增长潜力巨大的国内外知名企业。新能源产业拥有格瑞普等一批龙头企业，带动中小企业形成了产业集聚。新材料产业出现了包括深凯硅胶、同方电子新材料等一批中小企业，高性能复合材料制备领域可待发展。全球最大的电子信息制造企业富士康集团位于辖区内（图4）。

图4　共和村比邻富士康集团龙华园区

3. 文化环境

共和村的文化发展离不开整个深圳特有的文化氛围。深圳面向港澳台，处在内地和香港的交汇处，与港澳联系密切，交往频繁，而香港又是东西方文明的交汇地，这就决定了深圳文化的特殊性。在深圳特区成立30周年之时，由市民发起、政府引导、社会参与评选产生了“深圳十大观念”，成为深圳文化发展的愿景目标。第一，让深圳观念成为时代精神的领航者，使深圳成为时代观念不断产生、生长的策源地和时代精神的原产地；第二，让城市包容温暖每一个人，以移民文化的包容品格，继续营造多样化生长的健康文化生态环境；第三，让媒体成为社会正能量的守护者和代言人，构建“法治、公开、担当、良知”的网上舆论环境，打造高举改革开放大旗“辅政亲民”的主流媒体；第四，让每个市民感受到文化就在身边，充分实现市民文化享受、文化参与、文化创造和创造成果受保护的四大权利；第五，强大的文化产业保证先进文化的前进方向，打造文化产业升级版，培育“文化+科技”“文化+创新”“文化+金融”等新业态，形成充满活力的文化市场；第六，用法治阳光照耀文明成长，积极营造在全社会弥漫法治文化的环境，以法治精神和民族美德培养文明公民、文明社区和文明城市；第七，以弘扬国家文化主权拓展国家利益和城市利益，以国际一流城市参与国际文化交流形成文化话语权，展示城市文化鲜明特色；第八，为文人造个海，通过建设文化人才施展平台和文化人“庇护所”，使深圳成为人才汇聚、人文荟萃、创意迸发的人才高地；第九，城市文化要给学术以神圣地位，在城市的文化发展中逐步形成以“全球视野，民族立场，时代精神，深圳表达”为鲜明特征的“深圳学派”；第十，让创新型、智慧型、力量型文化助力中华复兴，充分利用城市文化的发展关键期，注入强大的文化基因，形成创新型、智慧型、力量型城市主流文化。

其中，打造文化产业升级版，培育文化新业态是当前深圳文化建设的重中之重。在传承传统文化的同时，整个城市加快了追求时尚创意、高新技术的脚步。深圳青年具有创造与引领时尚的特殊天赋，年轻人的义工文化、流行音乐、健身热舞、梦幻魔术、创意灯光秀、动漫人物真人秀等，为这座年轻的城市倾情上演了一场激情与时尚共舞的文化盛宴。深圳已经成为中国的设计之都，每届文博会展出的数十万件新产品，生动反映了深圳元素、凸显了深圳文化的内涵，被国际同行称为个性化的“中国设计”。

深圳国家动漫画产业基地，充分显示了新媒体影视动漫的科技性、观赏性、参与性和体验性。在政府出台的一系列文化创意产业发展政策的引导下，2014年，实现全市文化创意产业增加值1553.64亿元，比2013年增长15.6%，占GDP比重达9.7%，成为深圳六大战略性新兴产业中发展最快的产业之一。而“文化+科技”的产业发展模式，极大地提高了文化产业的科技含量和文化产品的附加价值，使得高科技找到了新的应用领域，拓展了市场空间。“文化+创意”“文化+金融”“文化+旅游”等产业发展新模式、新业态不断涌现，使得以“深圳品牌”“深圳设计”为代表的“中国创造”成为本土文化市场上的一支新生劲旅。

2012年，深圳市高新技术产业园区被科技部、中宣部、文化部、广电总局、新闻出版总署等部门共同认定为首批国家级文化和科技融合示范基地。2013年，深圳高新区文化产业实现总收入989.18亿元，净利润160.3亿元，上缴税费69.97亿元。高技术产业园区定位于建成具有国际竞争力的自主创新和知识经济示范基地，全国领先的以动漫游戏、影视制作为特色的数字娱乐基地，全国领先的互联网信息文化基地，全国领先的文化科技产品创作、展示和交易基地。高新区集聚全市资源作为后盾，深圳市文化创意产业成为全市第四大支柱产业。目前，高新区纳入统计的企业中列入科技文化领域的有252家，其中销售收入过亿元的企业有30多家，包括腾讯、A8音乐集团、迅雷等具有代表性的高科技企业。

在共和村调研期间，第十一届深圳文化博览会正在如火如荼地进行，我们欣喜地看到，主展馆“创客”展区展出企业、个人创意项目近百项，展馆以及文博会各分会场举办了以“创客”为主题的活动近40项。这只是深圳文化发展的一个缩影，深圳读书月、文化大讲堂、各个区的艺术节，汇聚了来自这座城市各个层次、各个年龄段的市民，深圳观念正在进入千家万户。勇于改革，敢为人先作为深圳特有的发展基因正在文化领域落地生根。

4. “双提升双转型”规划

2013年，共和村村委根据深圳市“退二进三”的产业升级政策，将原来分散出租的共和工业园收回集中经营管理，向政府申请“工改商”。经政府批准，依法登记并发放牌照后，共和村吸收村民投资，引进职业经理人，将共和工业园改造为堪称样板市场的“共和农贸批发市场”。

共和村“工改商”是深圳产业升级的一个缩影：

首先，深圳与香港相连，走在对外开放的前沿，对外开放水平提高的一个重要表现就是商品、土地开始远离价值洼地，回归其真正的商业价值，深圳市整体商业用地成本的提高给加工和代工企业造成了不利的影响，物业费用上涨导致低附加值企业向内地迁移。

其次，随着法律法规的完善，企业必须为员工缴纳社会保险，再加上工人工资连续多年的上涨，使得企业人力资源成本整体大幅上升，这也推动低附加价值企业外迁。

最后，金融危机后美欧等发达国家市场持续萎缩迫使企业减产减能，人民币近些年的升值让企业的微薄利润再次降低。由于上述原因，规模较小、实力不足的代工加工企业生存越来越困难，有的倒闭，有的则进行产业转移，将工厂迁到人力成本和土地成本更低的地区和国家，即便是富士康这样的大型企业，也在不断缩小生产部门。

在加工企业外流的现状和预期下，共和村正在积极进行“工改商”，而共和农贸批发市场是其中一个非常具有代表性的项目。共和农贸批发市场集农副产品销售、饮食、商业服务为一体，不但为居民生活提供了便利，而且建立起了面向全国甚至海外的互联网交易市场（图 5）。

图 5 共和农贸批发市场是共和村有代表性的产业改造升级项目

共和农贸批发市场建成之后，将共和村每平方米集体物业的月收入从 11 元提高到 23 元，不仅丰富了周边居民的“菜篮子”，也充实了集体经济的“钱袋子”，成为共和村村民重要的经济收入之一。未来，“共和农贸批发市场”项目计划不断淘汰落后的、低档的、不卫生的摊位，引进高端品牌、连锁品牌，以扩大市场运行的空间和提升质量，为共和村的原住民和外来人员提供更好的生活服务。与此同时，“共和村农贸批发市场”项目也在积极建设电商平台和物联网，计划与香港特别行政区、东南亚各国建立起农贸商业网络。

图6　共和农贸批发市场

二

共和村“双提升双转型”过程中面临的社会问题

1. 拆迁过程中个人短期利益与集体长远规划之间的矛盾

根据统计，深圳当前人均用地只有 133 平方米，已经成为人口密度较大的大型城市，土地资源极为紧张，发展空间亟待拓展。上述背景下，旧城改造、城市更新成为深圳当前和未来的必然趋势。旧改拆迁，涉及各方利益的博弈，如何在城市更新过程中妥善解决拆迁和补偿问题，如何妥善处理市场化和政府指导之间的关系，成为深圳城市发展的重要课题，其中，共和村的旧改工程是一个典型案例。为了顺应产业升级的需求以及上级政府的城市发展规划，共和村需要进行大规模的社区空间改造。第一，在“退二进三”的过程中，共和村将以往对外租赁的工厂收回，改造成农贸市场等商业物业；第二，共和村要对以往街边脏乱差的小型商业物业进行改造，引进更高品质的服务业，同时修建步行街等新的零售餐饮街道；第三，共和村还要进行商业住宅开发，因此还面临房屋拆迁的问题。在这样的过程中，现有业主的短期经济利益会受到损害。不同的物业，其价值因为发展规划而产生的变动不同，物业价值增长较小的业主对于社区改造的积极性更低。在房屋拆迁过程中，共和村作为深圳的一个后开发区域，业主对于赔偿款的期待非常高，拆迁赔偿的协商也因此非常困难。

2. 共和村外来人口带来的社会治理难题

共和村经历了一个迅速产业化和城市化的过程。在这一过程中，外来人口大量涌入。外来人口的流动性非常强，对于共和村缺乏归属感和责任感，这与将共和村作为故乡、着眼于共和村长远发展的原住人口不同。外来人口中农民工所占比例很高，他们的收入和文化素质都不高，居住环境拥挤，给共和村的公共卫生和社会治安都带来了很大的挑战。

访谈记录

共和村共和股份合作公司董事长游煜

富：那些工人（在富士康工作的工人），如果两个人结婚或者同居就会到工厂外面租房子。他们和本地的房东之间有时候就会产生矛盾，比如说租房子不搞卫生、把房子毁坏得很严重、吵闹，还不讲卫生，垃圾到处扔，甚至有人在街上随地大小便。那些租赁屋里老鼠蟑螂成灾，街道很脏很乱，到处乱摆野摊子卖不卫生的食品。我们村民就不会那样做，而且我们管理的渠道也很多，可以通过居委会什么的出面管，但是外地人有时候就很难沟通。他们是一群群来我们这里的，相互之间是同乡和亲戚什么的，我们村民人数少，如果他们不自觉我们真的很难办……

村民甲（男，56 岁）：社会治安是个问题。比如说我们工厂改造的时候，之前的工厂老板走掉了，他厂里的门窗、电线这些东西就没有人管了，有一些人过来说是收废品的，却跟抢一样的就把这些东西拆走了。本地警察严重不足，我们只能自己请保安，政府也拿不出钱来补贴。现在龙华区平均 2 万多人才配备 1 个正式警察，大量的都是辅警。辅警本来是协助执法的，很多执法权力是没有的，但是现在和警察一样执法，这些都是隐患。

村民乙（男，29 岁）：人多了好赚钱，但是人多了交通越来越拥堵，生病去医院也越来越难。我们这里有个三级医院，本来是不远的，开车花不了多长时间，但是现在堵车，医院附近更堵车，去趟医院，去的时候

> 堵两个小时，回来堵两个小时，挂号排队还要等两个小时，看病不到10分钟，一天就过去了，还搞得很累。如果小孩和老人突然不舒服，真的急死人……

3. 外来人口与原住民之间的资源争夺

外来人口也包括外来的企业主和较高层次的人才，这些人既是深圳发展的重要动力，又与原住村民之间存在争夺经济社会资源的问题。共和村正在规划的“双提升双转型”是希望以高品质的服务业取代当前的服务业，例如引进连锁品牌餐厅，关闭现在无序经营的小餐厅等，当地原住民如果不能跟上升级转型的步伐，就会失去商业机会。在城改过程中，共和村存在选择当地开发商还是外地开发商，聘用当地施工队还是外地施工队的问题。城市开发需要征用原住村民的土地，在土地价值飞速上升的情况下，原住村民希望分得更多的利益，本地企业家希望由本地人开发项目。但是，就共和村而言，其人口规模小、受教育水平低，当地资本规模小，承接城市改造项目的能力显然比外来资本弱，在公开招标中很难占据优势。

图7　共和农贸市场董事长孙锦平：配合政府，做关心市民健康的市场。

访谈记录

共和农贸批发市场董事长孙锦平：开发规划是政府定的，开发工程的招标条件等都是政府定的。政府领导当然从大格局上看问题，他们看的是整个深圳的发展，不会盲目偏袒原住居民。我们要承接开发项目其实不如外来企业有优势……因为外来企业比我们资本雄厚、比我们经营水平高，我们有时候确实能力欠缺，政府不会慢慢等我们做准备……当然不是排斥当地资本，政府事先定下一些条件……等你满足那些条件了，又有新规则出台了……是公开招标，但是招标对企业资质的要求高，那么我们就很难分得一杯羹了。所以，我们要立足本村的资源条件，配合政府，做关心市民健康的市场。

为了吸引高端人才，深圳市在外来人口入籍方面实施了积分制，高端技术人才、对深圳发展做出突出贡献的人才经过一段时间后可以拿到深圳户口，享受深圳的社会福利待遇。作为一个人口结构非常年轻的城市，目前深圳的教育资源严重不足，在入学问题上既坚持就近原则也照顾父母的积分，外来优秀人才积分高于本地原住民的情况也经常出现。在访谈中，共和村的村民谈道，原住民在社会资源分配方面正在成为“弱势群体”。

访谈记录

村民丙：我们原住民其实是弱势群体。我们这里附近本来有龙华小学、龙华中学，都是很好的学校，距离我们村大概走路20分钟不到，我们都是那些学校毕业的，以前我们村的村民上学都是在那里。但是现在我们的孩子、孙子这一辈要进那些学校很难，不光看家在不在附近，还有各种评分，我们村村民的分好像是排在第3位还是怎么样……我都不知道如果我的孙子要上那个小学应该怎么办……实在没办法就只能上私立学校，离我们村稍微远一点的地方有私立学校，大概有1万个学位，但是也远远不够，每年都是刚开始接受报名，一两天就招满了。

三

共和村平稳转型的原因分析

虽然共和村在转型过程中面临不同人群之间的利益冲突和利益争夺，但是其“双提升双转型”仍然在平稳进行中，没有引发明显的社会矛盾，原因来自以下几方面：

1. 分享经济发展红利，保障当地社会平稳转型

深圳持续的经济发展充实了政府财政，村民通过入股本地企业实现了收入提高，政府和参与城市改造的企业向原住民适当让出经济利益，使得转型期的各类人群达成了妥协。以共和村为例，随着外来人口的聚集，拥有宅基地以及厂房股份的村民们得到了较为丰厚的物业收入。现在共和村正在开发的商品房价格在3万—5万元/平方米，30—40平方米一室一厅的出租价格为1000元/月，共和村集体所有制厂房的月租赁单价为11元/平方米，在厂房改造成共和农贸批发市场后，物业出租价格上涨至23元/平方米。共和村的每户村民在共和农贸批发市场的物业中占有1股，共和农贸批发市场每股的年分红为2万多元人民币，将来还有望持续上升。自有住房租赁和商业物业分红的收入使得共和村的原住民有了稳定可观的收入来源。不仅如此，在地产开发的过程中，共和村的征地赔偿措施综合而有效，拆迁赔偿金额也很高，使得

原住民过上了较为富足满意的生活。基层政府财政在老年人等特殊人群的社会福利上支持较大，也是共和村村民对改革支持度较高的原因之一。

访谈记录

外来务工人员甲：这里的原住村民现在生活都非常富裕。他们不用工作，靠住房出租和市场分红两块就衣食无忧了，拆迁又给房子又给钱，很多人都有几套房子。本地人很少出来工作的，除非自己当老板……到外地工作的也不多……

共和农贸批发市场董事长孙锦平：不只是我们共和村，深圳的原住民现在都很满足于现状，你看创业的、打拼的多是外地人，潮州那边过来的人多。我们这里只靠收租就能过上小康生活了，所以很多人虽然在征地的时候觉得自己作为本地人吃了亏，大钱被外来人赚走了，但是大家还是很满意现在的生活。毕竟不用工作，生活就有保障。现在很多人不想工作，政府就提供免费的职业培训，你想做什么工作我就给你提供什么课程，这样来提高他们的工作积极性。不然本地人无所事事，人都废了……

共和村村委会职员： 我们这里各种社会保障很优厚，除了政府的社保之外，龙华区的财政还有一块用作社保，街道、村里都会给居民发福利。特别是老年人，现在真幸福，我都很羡慕他们。现在我们共和村60岁以上的老年人一个月有2000—3000元的养老金，年龄越大养老金越高。逢年过节村委会还会送大米、油、各种水果和食品，吃穿用度完全不用儿女管。我们针对老年人的上门医疗服务也非常多，几乎每一两个月就会到家里给老人们体检、回访……

2. 企业承担了部分社会治理功能

流动人口激增使得共和村的社会服务、社会治理在财政和人力方面都出现了很大缺口。在政府难以覆盖社会需求的情况下，企业承担了很多责任，提供社会服务成为当地企业回馈社会的一个重要方式。共和村的事实证明，在合理范围内承担社会服务工作，对企业本身的发展也是有利的。以共和农贸批发市场为例，它提供了很多社会治安服务，组织了很多社区文化活动。（图8）

图 8　共和市场经常支持协助社区开展公益文化活动

访谈记录

共和村共和农贸批发市场总经理杨海滨：在工转商过程中，工厂撤离后出现了一段时期的治安混乱，我们这里的治安严重跟不上，一些人到工厂里拆东西走，跟抢一样。没办法，我们就找那些人谈，说给你们一些钱你们不要再来了好不好？那个老板说“好”，果然以后就没有再来。我们又花钱从山东请来一些保安。请了这些保安后，整个共和村附近的治安环境都改善了，报警数量明显减少，这样公安局派出所就表扬说，你们市场管得很好，以后你们一直都管着吧。我们说，我们管可以啊，保安工资怎么办？但公安说没有钱。后来经过协商，我们公司出大头，政府出小头，一起把社会治安搞好。我们企业和地方社会、地方政府共同受益吧，我们经商也要一个安定的社会环境，我们也尽可能地造福于民。（图9）

图9　共和市场配合市政清理旧工业园卫生死角遗留的大量垃圾

共和村共和农贸批发市场杨海滨总经理：外来老板和村里的矛盾我们也要帮着处理。比如说，曾经有人说要在共和村建设高科技公司，因此拿到了村委会的土地。这些人享受了村委会的土地优惠政策，那时候对小产权房的管理还不严格，他们就在地上盖楼，把楼隔成很小的一间一间用来出租。这种楼存在很多安全隐患，楼内电线和各种管道杂乱无章，很不安全，住的人乱七八糟，给治安管理带来很大难题。更重要的是很多房客素质很低，乱扔垃圾，吵闹，甚至还在楼前随地大小便，对共和村的环境造成很大伤害，村民们对此非常不满。村委会当然希望赶走这样的二房东，所以五年合同到期后就拒绝续约，但是他们又说服村委会的领导，说是要建高科技公司，又拿到了五年合同。第二个五年合同期满，他们还是什么也没做，村委会坚决赶他们走，他们就要无赖，说“谁赶我走就撂倒谁”。这时候就需要村委会和我们公司出面做工作。对一些人，我们就给他们钱，对另外一些人，就要瓦解他们内部……

我们企业经常参与社区的公益活动。上一次有一个慰问见义勇为英雄的活动，就是有些外地人在深圳做了见义勇为的好事情，很多年过去了，为了表示我们不忘记他们，深圳市政府就组织去外地慰问他们，我们孙锦平董事长也去了，捐了一些钱。这个事情深圳当地的报纸都报道了（图10），我们买了几百份报纸，分发给市场商户。那个月租金收得很好。平时按时交租金的占六七成，那个月占九成以上。大家一看村里赚了钱去做好事，交钱心里就舒服了。

我们节假日也举办一些文艺活动。我们在市场外面安装了LED大屏幕，播放《新闻联播》、养生讲座、传统文化道德教育的讲座，每天都播放电影。这里的居民很喜欢。我们有一天电影放的是《阿凡达》，很多人都在这里看，人都排到了马路对面的土丘上。我们一看这个不行，马路上车来车往，不安全，所以现在我们不敢放太好看的电影，就选择一些受欢迎程度一般的电影吧。别小看这块屏幕，它成了附近社区一项重要的文化活动。这个空地，我们规定好时间开放，让大妈们来跳广场舞，每天早上晚上这里跳舞的人都很多，这也成了共和村一个文化活动中心。

NEWS

报纸摘要

深圳商报

SHENZHEN ECONOMIC DAILY

A01

A08

聚焦

弥补一段八年的“历史遗憾”

市见义勇为基金会赴陕西、四川探访深圳勇士家庭，本报新媒体全程跟踪报道

“迟到的慰问”传递满满正能量

图10　共和农贸批发市场积极参加政府组织的社会活动

3. 村委会在社会转型过程中针对原住民进行了细致有效的思想动员

在城市开发建设的过程中，往往出现个人利益与

整体利益、短期利益与长期利益相矛盾的现象。为了达成社会共识，推动共和村“双提升双转型”的进程，村委会作为村民选出来的代表，积极向上级政府反映村民要求，同时在城市转型发展过程中针对村民进行大量耐心细致的说服工作，使得共和村的“双提升双转型”规划能够顺利进行。

访谈记录

共和股份合作公司董事长游煜富：我们要建一条步行文化街，商铺也要改造，要建那种统一高度、风格相似的商业街，吸引更高档次的餐饮、艺术品店。这样有一些村民就不高兴。因为有一段时间他们就没有房租可收了……只能是我们村委会耐心做工作。我带他们去那些建设得很好的社区去看，去跟那里的居民聊，看看人家的生活环境，看看人家的房租收益，他们就动心了。我还跟他们讲，现在咱们的商业水平那么低，你楼下的摊铺卫生没有保证、食品安全没有保证。大人可以凑合，小孩子成长在这样的环境里，是不好的。孩子如果拿一二十块钱到楼下买烤串吃了呢？他的食品安全你担心不担心？就是这样反复做工作，苦口婆心，多分析，那些开始不同意的人最后还是都同意了。你别看我们深圳地价这么高，我们深圳从来没出现过那种“强拆”，出去买个菜回来房子就没了的那种，那种情况没有发生过。一是各种补偿措施到位，再一个就是靠基层党组织做这种非常细致的工作。

4. 村委会通过开展丰富多彩的文化工作提高了居民的幸福指数，促进了社会融合（图11、图12）

共和村本地人与外地人相处和谐，治安良好，多年来刑事案件发案数为零，没有发生过群体性事件。在一个外来流动人口为主体的社区里，社会能够如此稳定，社区文化建设的作用不容小觑。共和村的基层文化建设接地气、顺民意，不仅促进了社区稳定，传承了客家村民特色文化，还巩固了村委班子以及共和股份合作公司的战斗力和凝聚力，在夯实村庄的集体经济基础上激活了村民接受先进文化的热情。这种社会意义与指向价值在整个深圳市以及深圳的旧城改造过程中发挥了极好的示范效应。

图 11　居民跳广场舞

图 12　共和村开展丰富多彩的文化活动

火车跑得快，全靠车头带。村看村，户看户，村民看干部。共和村基层文化建设由党组织牵头、村委会指导，形成了一系列富有特色、符合地方传统的文化活动，具体包括八项措施：第一，用活用好现有的综合文化室等场地设施，提高使用效率和社会效益，这些场地和设施天天开放，天天有人打扫卫生，并且是向全村居民免费开放。第二，建设以业余骨干和专业人员相结合的腰鼓队（图 13）、球队等文化队伍，组织、指导社区文化活动。配合文化部门培育社区文化骨干队伍，为开展基层文化活动服务。第三，贴近社区实际、贴近居民生活，开展形式多样、生动活泼的基层文化活动。第四，开展高雅艺术、经典艺术进社区活动，从总体上提高社区居民的欣赏水平，提升社区居民的文化品位。第五，发展社区志愿者队伍，加强社区志愿者队伍的招募选拔、组织管理、教育培训，不断提高志愿者服务基层文化建设的能力和水平。第六，通过实现资源共享，开展以有偿服务项目补偿公益性无偿服务项目，保障基层文化的公益性和可持续发展。第七，以辖区居民文化需求为导向，努力打造基层文化服务平台，组织开展主题式文化活动、群众文艺团体活动。第八，运用“互联网 +”技术，开展三线治理、光纤入户，建造高清 LED 大屏幕，天天播放中央电视台的《新闻联播》，播放政府的政策宣传片，传播正能量。

图 13　共和村业余骨干和专业人员相结合的腰鼓队

共和村基层文化建设对城镇化过程中社区的稳定发挥了巨大作用。共和村基层文化建设的形式与特色多样，通过共和村村委的精心组织，实现了有钱、有人、有声、有色、有光、有影……每天早晚，有大批妇女在共和商业广场跳广场舞锻炼身体、愉悦身心（图11），村办的文化活动室也是老人活动中心（图14），美化村容村貌的三线治理即将开始，每当夜幕降临，大屏幕就开始播放中央电视台的《新闻联播》，敬老、助学、健康的生活方式蔚然成风，腰鼓队、球队经常组织活动，元宵节办敬老宴，端午节集体包粽子，中秋节集体分月饼，重阳节办寿星宴，成为村委会的宣传政策、村民互相问候沟通的文化聚会。形成了发展基层社区文化、稳定基层社区、村民群众获得服务实惠的“三赢”局面。（参见附录1）

在现实生活中，共和村的本地人与外地人，是友好和互相尊重的。多数本地人与多数外地人的关系，因为没有利益交集，只要注意交往方式，彼此尊重、有礼，就不会产生不可调和的矛盾和分歧。村里的各种文化活动设施，本地人和外地人都可以平等使用。共和村最大的集体经济项目——共和农贸批发市场，几乎所有工作人员都是外地人。本地人与外地人，在就业上岗时，一视同仁，任人唯贤，从根本上避免了本地人与外地人的矛盾激化。可以说，共和村的基层文化建设对稳定社区，稳定基层，发挥了很大作用。

图 14　共和村办的文化活动室也是老人活动中心

四

共和村“双提升双转型”面临的瓶颈

为了实现经济与城市规划的平稳转型，共和村的村委会、村民集体参股企业以及党委共同合作，协调各个群体之间的经济利益，提供社会服务和公共文化产品，得到了居民的认可，维护了社会稳定，为“双提升双转型”的成功提供了良好的社会环境。但是，要完成经济和社会文化的双提升，要与深圳国际化、创新型大都市的定位相匹配，我们从共和村的案例看到，深圳目前的社会文化建设还存在瓶颈。

1. 文教医卫等社会服务资源配套严重不足

作为一个吸纳了大量外来劳动力的移民城市，深圳的教育、医疗、治安等社会服务资源短缺，文化生活场所短缺。以共和村为例，从幼儿园到高中的教育资源以及医疗资源都严重不足。共和村的外来人口有7.3万人，当地的幼儿园、中小学根本无法对外来务工人员子弟全面开放，外来劳动者只能把子女送回老家上学，得病时也只能回家乡就医。

在以制造业为主的时代，深圳的外来劳动者主要是农民工，他们在深圳工作、在家乡安家，社会资源不足的问题不太突出。他们的工作相对简单，可替代性较强，频繁的人员流动对经济的影响也不大。但是，今天的深圳面临产业升级，对高级人才的吸引力成为产业升级能否实现的重要因素，要想吸引这些人才在深圳扎根，仅仅提供税收等经济方面的优惠政策、短期的资金支持，甚至良好的创业环境是不够的。高级人才具有典型的中产层特征，他们注重子女教育、追求高品质的生活体验，注重城市的文化氛围。如果深圳不能提供中产层所期望的社会服务资源，不能创造吸引中产层的城市文化环境，那么这些短板将成为深圳产业升级的瓶颈。

2. 文化环境建设需要有前瞻性

高技术附加值、高文化附加值、创造性的企业青睐前卫的、有创新气质的社会文化环境。深圳不但是中国的重要创新城市，而且还承担着吸引港澳资本、人力的任务，在“一带一路”中也是一个重要的节点城市。因此，深圳应该具有能够与国际大都市媲美的独特的城市文化气质。一个城市的文化气质很大程度上决定着其吸引力。在访谈过程中，前海经济特区的管理人员以香港年轻人为例谈到了类似问题：“有一些香港年轻人在这里当助理，但是在这里留下来的人不多。年轻人在香港的发展空间虽然非常狭小，他们了解我们这里以后也觉得我们的创业氛围很好，但是他们就是不喜欢这里的环境……他们喜欢的是那种酒吧、咖啡馆之类的有情调的场所……对，就是跟我们这里的 lifestyle 不同。”

通过对共和村的调研，我们发现，深圳虽然已经着手进行城市功能的升级，但是其建设的前瞻性仍然有待提升。例如，共和村的“文化空间”规划主要体现为一条步行街以及街边的艺术品、工艺品商店。但是这种设计既没有体现当地的传统文化特征，也没有展示其具有竞争力的文化产品。共和村预测未来附近的富士康和华为工业园区都会变成这些企业的设计和研发中心，那么这里将是一个吸引高科技创新人才的区域，使人联想到类似“硅谷”的文化氛围，但是“步行街”的规划与高科技园区的关联性明显相去甚远。

3. 移民城市的文化定位问题迫在眉睫

通过访谈，我们发现被访者们对于深圳的文化气质还没有形成明确的共识，政府也没有提出明确的文化发展目标。深圳居民的主体是来自全国各地的劳动者，这是深圳发展多年没有形成明确的文化气质的重要原因之一。但是，深圳在今天承担着产业升级的重任，中产层将来会成为这个城市的主体，这就需要打造一种有魅力的文化气质并体现在城市建设中。这不仅会提升深圳对高附加价值产业的吸引力，还有助于培养外来高级人才对深圳的认同感，提升社会凝聚力，提升所有社会成员的幸福感。

4. 产业升级的同时，需要关注各阶层的均衡发展

深圳正在经历从制造业向服务业升级的过程。服务业也需要大量的一般性人才，他们是社会中的中中层、中下层甚至是下上层。他们的收入不高，但是学历略高于工厂劳动者，他们对工作环境的要求、消费喜好与中产层更加接近，是介于中产层与贫困阶层之间的夹心阶层。与农民工不同，这些劳动者对工作和生活环境的要求更高，更希望在深圳获得稳定的生活空间。在目前高房价的情况下，政府在城市规划时需要有意识地为他们提供廉价住房或者廉租房。

通过对龙华区共和村的调研，我们发现，伴随深圳经济、社会“双提升双转型”的城市开发虽然在平稳进行，但是社会文化转型能否跟上产业升级的需求还有待进行更加深入的研究与思考。在地价、房价高企的今天，深圳进行社会文化公共设施的建设需要付出很高的经济代价，也会面临更困难的社会协商，但是，如果不能坚定地迈出这一步，大幅度提升和增加深圳的社会服务资源、夯实社会文化基础，不能够设计出适合深圳发展的城市文化精神并体现在城市建设中，那么深圳的社会文化建设将成为制约其产业升级的瓶颈。如果深圳在这次转型过程中不能够给它将来所需要的各种劳动力提供物理空间和文化空间，那么产业升级也将难以持续。

共和村的案例还引发了我们对于城市发展规划的思考。一个城市的产业发展与社会文化建设应该相辅相成，社会文化建设应该具有经济前瞻性，走在产业升级的前面，只有这样才能降低社会文化建设的土地成本。当然，社会文化建设也不能太超前于经济发展，没有经济基础和阶层文化的支撑，太超前的文化设施也无法发挥其价值。社会文化升级与产业升级应该是交替迈出的左右脚，二者在城市发展的每个阶段都应该均衡发展才能够相得益彰。

附录 1

共和村 2014—2015 年的主要文化活动

2013 年 5 月　共和社区举办老人集体生日会；

2014 年 4 月 26 日　共和村党委组织参观白石龙大营救纪念馆；

2014 年 4 月 29 日　龙华共和自行车协会在松山湖举办自行车比赛；

2014 年 5 月 12 日　共和和丰大厦开始建设党群活动中心和办公阅览室；

2014 年 5 月 30 日　共和和丰大厦一层接受消防验收，举办消防演习；

2014 年 6 月 9 日　举办征集“微心愿”活动，为农民工子女、留守儿童和残疾人等弱势群体提供帮助；

2014 年 6 月 30 日　以庆祝党的生日为契机，共和社区探望社区困难党员代表杜富英同志；

2014 年 7 月 1 日　共和社区组织参观全国重点文物保护单位余荫山房；

2014 年 7 月 5 日　共和社区联合瑜伽馆为社区女性居民举办瑜伽课；

2014 年 8 月 6 日　共和社区邀请龙华区慢性病防治中心做健康讲座；

2014 年 12 月 1—2 日　共和社区党支部组织参观黄埔军校、佛山三水廉政教育基地以及佛山西樵山红色革命根据地；

2014年12月12日　共和社区党支部组织观看全国优秀共产党员电视系列片《焦石》；

2015年2月1—2日　在新春到来之际共和社区举办“共和社区喜迎新春、义写对联、派利是封”的活动；

2015年2月1—8日　在共和社区党群服务中心举办社区青少年活动“创意美术”培训课程；

2015年2月8日　共和社区、松和社区携手广发银行龙华支行举办“小小银行家”活动；

2015年2月13日　在农历新年到来之际，共和社区开展为高龄老人送温暖活动，体现了中华民族“尊老、爱老、养老”的传统美德；

2015年2月14日　共和社区邀请社区居民和青少年儿童参加“春节做饺子”活动，增加了居民对社区的认同感和归属感；

2015年3月5日　在共和和丰大厦广场举办“社区邻里节”，共同庆祝元宵佳节；

2015年3月7日　共和社区举办义务剪发活动，庆祝毛主席题词“向雷锋同志学习”52周年纪念日；

2015年4月7—10日　共和社区邀请广州中医药大学青年志愿者为社区居民开展健康诊治服务活动；

2015年4月9日　共和社区组织社区老年人开展以老年人健康为主题的宣传讲座；

图15　共和村雕刻着100种字体的“和”字的大石碑。

2015年4月19日—5月9日　在社区陶艺活动室开展“巧手乐玩”陶艺活动，增强了青少年对艺术的热爱以及对中国传统文化的了解；

2015年5月8日　油松社区与共和社区开展“情系群众、爱心捐书”活动；

2015年5月10日　共和社区举办“庆祝母亲节”亲子做蛋糕活动；

总体而言，共和村的本地人与外地人的关系，还是相当和谐友好的。这也得益于共和村村委长期以来的基层文化建设。在共和村村委所在的共和和丰大厦路口，矗立着一座龙华区政府赠送的雕刻着100种字体的“和”字的大石碑。这100个“和”字，代表着和光同尘、和平共处、和气生财、和谐发展的“和文化”，体现着共和村的文化建设精髓（图15）。

附录 2

2015 年深圳市人才引进综合评价指标及分值表

<table>
<tr><th>一级指标</th><th>二级指标</th><th>三级指标</th><th>指标分值</th><th>实施说明</th><th>备注</th></tr>
<tr><td rowspan="8">个人素质</td><td rowspan="8">文化程度及技术技能水平</td><td>1. 博士研究生学历；
2. 硕士研究生学历并具有中级专业技术资格；
3. 大专以上学历并具有高级专业技术资格；
4. 高级技师；
5. 专项职业能力一级。</td><td>100分</td><td rowspan="8">1. 以大专以上学历积分的，如为普通高等教育全日制学历，加10分，同时有学士以上学位的，另加10分。
2. 以高技学历积分，需同时具有高级工以上职业资格。
3. 本市高级技工学校全日制毕业不超过4年并具有高级工（含紧缺类、非紧缺类）以上职业资格的，另加30分。
4. 由申请人提供学历、学位和技术技能水平等证书，经验证后得分。
5. 持有非广东省评定颁发的专业技术资格（不含经全国统考取得），须经我市人力资源保障部门审核后积分。
6. 持有非在我市参加考试的技能职业资格证书（含全国、全省统考类），须参加并通过我市人力资源保障部门组织的相应等级综合水平测试后积分。
7. 本项指标最高积分不超过100分，按就高不就低原则计分，不累积。
8. “以上”包括本数。</td><td rowspan="8">1. 大专学历层次包括：大专、高技。
2. 专业技术资格分为三级，分别为：高、中、初级，其中初级包括助理级和员级。
3. 技能人员职业资格指国家职业资格证书，分为五级，分别为：高级技师、技师、高级工、中级工、初级工。其中，在《2015年深圳市技能人才紧缺职业目录》内的为紧缺类工种，不在该目录内的为非紧缺类工种。
4. 全国统考专业技术人员职业（执业）资格的积分和学历要求参照同级专业技术资格执行，具体目录和对应等级见《全国统考专业技术人员职业（执业）资格目录》。
5. 专项职业能力证书是指通过深圳市人力资源保障部门组织的新职业新工种专项能力考核所取得的证书，分为一、二、三级。</td></tr>
<tr><td>1. 硕士研究生学历；
2. 本科学历并具有初级专业技术资格；
3. 大专以上学历并具有中级专业技术资格；
4. 技师；
5. 专项职业能力二级。</td><td>90分</td></tr>
<tr><td>1. 本科学历；
2. 大专学历并具有初级专业技术资格、高级工（含紧缺类、非紧缺类）；
3. 中专学历并具有中级以上专业技术资格。</td><td>80分</td></tr>
<tr><td>1. 中专学历并具有初级专业技术资格（助理级）；
2. 高级工（紧缺类）；
3. 专项职业能力三级。</td><td>70分</td></tr>
<tr><td>1. 大专学历；
2. 中专学历并具有初级专业技术资格（员级）。</td><td>60分</td></tr>
<tr><td>1. 高级工（非紧缺类）；
2. 中级工（紧缺类）。</td><td>40分</td></tr>
<tr><td>1. 中级工（非紧缺类）；
2. 初级工（紧缺类</td><td>20分</td></tr>
</table>

续表

一级指标	二级指标	三级指标	指标分值	实施说明	备注
个人素质	技能竞赛	在国家级一、二类职业技能竞赛中获奖； 在广东省、深圳市、区人力资源保障部门举办或与有关行业联合举办的职业技能竞赛中获奖。	国家级一等奖60分； 国家级二等奖或省级一等奖50分； 国家级三等奖、省级二等奖或市级一等奖40分； 省级三等奖、市级二等奖、区级一等奖30分； 市级三等奖、区级二等奖20分； 区级三等奖10分。	由本人提供荣誉证书，经验证后得分。近五年内有效，不累积。近五年指2011—2015年。	
	发明创造	发明专利	每获得1项积50分。多人共有专利的，发明人所得分数按50/（人数+1）计算，如为第一专利人的，加计一份平均分，即得分再“乘以2”。可累积。	1. 专利积分以发明人为准。由本人提供在有效期内的国家专利证书，经验证后得分。最高不超过50分。 2. 专利的授权公告日必须在2014年12月31日之前。 3. 实用新型专利存在发明人变更情况不能积分。发明专利在授权公告日后存在发明人变更情况不能积分。	
		实用新型专利	获得1项积10分。多人共有专利的，发明人所得分数按10/（人数+1）计算，如为第一专利人的，加计一份平均分，即得分再“乘以2”。不可累积。		
	表彰荣誉	获得深圳市委市政府表彰、嘉奖或授予荣誉称号。	近五年内获得深圳市委市政府表彰、嘉奖或授予荣誉称号的积25分。	由本人提供荣誉证书，经验证后得分，不累积。近五年指2011—2015年。	

续表

一级指标	二级指标	三级指标	指标分值	实施说明	备注
纳税情况（最近3个年度内在我市累计缴纳）	个人所得税，仅限以下项目： 1. 工资、薪金所得（含全年一次性奖金）； 2. 劳务报酬所得。	14.7万元以上	100分	1. 由本人提供纳税证明及与申请事由相适应身份资格的相关证明。（上限不含本数，下限含本数） 2. 只能任选其中一类进行积分，不叠加计分。	1. 以个人所得税积分的，须在最近3个年度内每年均有完税记录（以申报日期/入库日期为准），但最近3个年度内累计纳税达到24万以上的除外。 2. 以企业法定代表人、投资人、自然人股东、出资人（合伙人）、个体工商户经营者身份积分的，须在最近3个年度内均具备与申请积分事由相适应的身份资格。同时具备多家企业法定代表人、投资人、自然人股东、出资人（合伙人）或个体工商户经营者身份资格的，只能以一家企业的身份资格积分，不叠加计分。 3. 企业和个人缴纳的各项税款必须是依法申报并已经完税的税款。由税务、司法部门追缴入库的不予计算。 4. 以个人所得税积分的，纳税额计算以“税款所属时期”为准。以企业纳税积分的，纳税额计算以“税款缴纳时间”为准。 5. 最近3个年度指2012—2014年。
		12.4万—14.7万元	90分		
		10万—12.4万元	80分		
		9万—10万元	70分		
		7.8万—9万元	60分		
		6.6万—7.8万元	50分		
		5.3万—6.6万元	40分		
		4万—5.3万元	30分		
	本市依法登记注册企业的法定代表人，其所在企业纳税。	54万元以上	54万元积30分，每增加18万元积10分，以18万元整倍数计分，最高100分。		
	本市依法登记注册个人独资企业的投资人、有限责任公司的自然人股东、合伙企业的出资（合伙）人，以其投资份额占该企业实收资本的比例而分摊企业已缴纳税额。	11万元以上	11万元积30分，每增加3.6万元积10分，以3.6万元的整倍数计分，最高100分。		
	在本市依法登记注册个体工商户的经营者纳税	5.4万元以上	5.4万元积30分，每增加1.8万元积10分，以1.8万元的整倍数计分，最高100分。		

续表

一级指标	二级指标	三级指标	指标分值	实施说明	备注
参保情况	深圳市参保情况	缴纳深圳市社会养老保险年限	每满一年积3分。	1. 由深圳市人力资源保障部门直接从社会保险系统读取其正常缴纳社保数据后得分。补缴社会保险的年限不予计算。 2. 少儿医疗保险缴费年限不予计算。	参保情况总分最高不超过60分。
		缴纳深圳市其他社会保险险种年限	每险种每满1年积1分。		
居住情况	在深居住条件	在深拥有合法产权住房满6个月	设有抵押权的20分；未设抵押权的30分。多人共有产权的，产权人所得分数按本人（含配偶）所占产权比例计算。	由本人提供深圳房地产权证书，经比对市房产登记部门相关信息并经人力资源部门审核后得分。	1. 多套房产不累计积分，可申报所占产权比例较高的房产。 2. 居住情况只能任选其中一类进行积分，不叠加计分。
	在深居住时间	持深圳市居住证年限	每满1年积1分，总分最高不超过10分。	以取得深圳市居住证（含深圳经济特区居住证）时间计算，持暂住证时间不计算。	
年龄情况	实际年龄情况	18—35周岁	5分	以申请时实际年龄为准，上限不含本数，下限含本数。	下列人员不适用年龄减分： 1. 具有全日制本科以上学历和学士以上学位； 2. 具有大专以上学历并具有中级以上专业技术资格； 3. 具有高级技师职业资格； 4. 配偶为本市户籍。
		35—40周岁	1分		
		40周岁以上	从40周岁起减分，其中：40—45周岁期间每增长1岁减2分；45周岁以上每增长1岁减5分。		
奖励加分	社会服务（近五年内，深圳市范围）	参加献血（包括献造血干细胞）	每次2分，最高不超过5分。	1. 参加献血的由深圳市人力资源保障部门直接从市血液中心献血信息系统读取后得分。 2. 献造血干细胞的提供捐献造血干细胞荣誉证书，经验证后得分。	1. 社会服务指标最高分值为10分，各三级指标累计超过10分的，按10分计。 2. 近五年指2010—2014年。

续表

一级指标	二级指标	三级指标	指标分值	实施说明	备注
		参加志愿者（义工）服务并获得相关奖项	获得深圳市义工服务市长奖积10分。 获得深圳市百名优秀志愿者（义工）积8分。 获得深圳市五星级志愿者（义工）积5分。 以上奖项按就高不就低原则计分，不累积。	由本人提供荣誉证书，经验证后得分。	
		慈善捐款，接受捐款的单位必须是具备公益性捐赠税前扣除资格的慈善组织（名单见2015年深圳市人才引进业务指南）。	每2千元积1分，最高不超过3分。	由本人提供财政部门监制的《接受社会捐赠专用收据》，经验证后得分。	
	申办类型	单位申办，最近在本单位连续缴纳工伤保险费1年以上	10分	由深圳市人力资源保障部门直接从社会保险系统读取正常缴纳社保数据后得分，补缴年限不予计算。	
减分	不良诚信记录	个人存在不良诚信记录	经查询深圳市个人信用征信系统，存在不良诚信记录的，每条扣20分。	由本人向深圳市个人信用征信系统提出申请，深圳市个人信用征信系统根据本人申请提供查询结果。	
			经查询深圳市人才引进系统，存在不良诚信记录的，每条扣40分。	由人力资源保障部门在人才引进系统中查询。	
	经深圳市公安部门核实的违法（非刑事犯罪）行为		每条扣80分。	由市公安局核实并提供违法（非刑事犯罪）记录情况。	

续表

一级指标	二级指标	三级指标	指标分值	实施说明	备注
减分	违反计划生育政策	有超生行为	有超生行为的，自接受处理完毕之日起5年内不得申请人才引进；接受处理完毕满5年的，每超生一个子女扣50分。	本人须提供深圳市计划生育证明。	

附录 3

访谈录

访谈人： 王卫城，深圳市龙华区综合办公室发展研究中心主任

郭立军，中国社会科学院亚太与全球战略研究院院长助理，深圳国情调研基地项目负责人

郭立军： 王主任，您好！简单自我介绍一下，我是中国社会科学院深圳国情调研基地的项目负责人郭立军，是中国社会科学院亚太与全球战略研究院院长助理、中国社会科学院地区安全研究中心的主任。我们这次到深圳龙华区共和村调研，首先请您简单地介绍一下龙华区的情况？

王卫城： 我们区的面积 175 平方公里，每年的 GDP 大概 1600 亿，相当于内地一个大的地级市的水平，相当于安徽两个地级市的水平。但我们的面积比它们小太多了，龙华区相当于它们的一个镇。扣掉山水，能用的面积是 110 平方公里。区内有一些上市公司，比较大的有富士康、大众、标致、雪铁龙和卷烟厂等。

郭立军： 华为也在这儿吧？

王卫城： 华为在龙华边上，在龙岗区。龙华区还有国瓷永丰源这种搞文化产业的。国瓷作为国礼送出

去过，估计您也知道。它的技术是日本的，所用的土从澳大利亚运过来，加上中国的技术，烧出的红瓷，有中国红的效果，国家领导人都拿它送过外宾。我们这儿服装也不错，尤其是女装，我们拥有的女装品牌能够占到全国女装品牌的70%。深圳服装最牛的地方在龙华，男装也很厉害，男装的品牌梵思诺、卡尔丹顿，都是深圳的品牌。还有鞋业，比如百丽、天美意都是深圳生产的。龙华区是个产业大区，这里还有红木，版画，等等。

郭立军：龙华区的人口分布情况怎么样？

王卫城：2014年区常住人口为143.45万人，其中户籍人口18.7万人。按公安部门统计，2014年底实际管理人口285.5万人，而按照各办事处统计，实际管理人口311万人。人口素质不高，初中以下学历的人口占60%以上。

郭立军：外来人口和户籍人口的比例如何？

王卫城：户籍人口与非户籍人口严重倒挂，比例为1∶15。人口构成复杂，“潮汐人口”达49.8万人，青工人口数量为180万。中国的城市一定是立体型紧凑型的，通过这个来承载更多的人口。龙华有电子信息产业，也有很低端的如鞋业、服装等产业，这些产业用人不需要太高的学历。当然品牌设计、打版需要高学历的人来做，缝线、制鞋不需要高学历的人来做。富士康以前有28万人，现在也有20万人。它有两个厂区，一个在观澜，一个在龙华。深圳的人口跟整个产业结构是相关的，跟我们发展阶段也是相关的。媒体报道最多的是龙华的房价。龙华的房价从去年到今年，由每平米2万元上涨到超过每平方米6万元。16号开盘的九龙溪二期，均价6.5万元，很快就卖光了。

郭立军：购买房子的是本地人还是外地人？

王卫城：整体上，本地人比外地人有钱多了。

郭立军：有没有外地资本？比如北京有浙商购买团。

王卫城：很少，深圳客横扫珠三角的楼盘。深圳人四处扫货，把东莞、中山、惠州的房价推高了。自己内部人就横扫了，还用得着温州炒房团吗？这里也不可能有机会买经济适用房。300万人口中的大多数人住在城中村。

郭立军：我们走访的第一站是共和村，它的本地人口与外来人口比例达到1∶243，它的城镇基层文化有点特色。

王卫城：我们先来看它们的经济水平。村民很富裕。一家人至少一户一栋楼，也可能一户几栋。一栋楼有80套房子，每套房子每月租金800元，你算他一个月的收入有多少？他们还有自己的和集体的资产。现在深圳进行大量的城市更新，政府按建筑面积1∶1补偿。村民很富裕。

外来人口倒挂的问题，深圳整体户籍人口与非户籍人口的比例为1∶15，潮汐人口50万左右，外来青工180万，公共服务需求肯定是个性化和多样化相结合。你们来调研文化生活，有时候这个命题是不成立的。文化生活对他们没那么重要，他们不会强调文化。按照马斯诺的理论，人有五个方面的需求。他们还处于第一、第二阶段，解决温饱问题。对他们来说，看看电影、看看手机，文化生活就够了。戏剧、交响乐基本欣赏不了。

郭立军： 这里说的文化也不是纯阳春白雪，我这里说的文化包括各种各样的，甚至广场舞。我们去过的共和村，他们自费花了100万安装了LED大屏幕，播《新闻联播》和电影等，很多人想用大屏幕做广告，他们都不干。

王卫城： 村里人不差钱。在文化活动方面，对于外来青工，有人筹建了青湖学堂，在富士康旁边，组织他们学吉他、英语，组织他们爬山，搞活动。从政府角度，还有一种文化，就是文化产品，商业化运作后的产品。比如服装是不是一种文化？传统文化方面，我们每年搞一次龙舟节。每年我们龙华区都会组织世界服装经营大赛，目前已经主办了两届。文博会我们也参与，但是这些多是商业推动的，不是政府推动的。其他的比较少。

郭立军： 龙华区外籍人口有多少？

王卫城： 外籍人口比较少。不像广州，这里没有所谓的韩国人集聚地或非洲人集聚地。

郭立军： 我们在共和村调研时，他们说本地人是弱势群体。

王卫城： 这不符合实际，他们占到那么多好处，还说要扶贫呢。每年一个村拨款 500 万元。实际上外地人很辛苦的，大部分外地人都在工厂里拼命加班。深圳人大概分几类，第一类是掌控经济走势的，所谓大资本家、上市公司老板，这样的人很少。第二类，像我们这样的小中产，读了书，到深圳过小日子。第三类，深圳本地人，他们有农民房，他们手上的资产达 10 万亿元人民币，40 万人口占有 10 万亿资产，你算算人均多少。家庭资产上千万都小意思了。

郭立军： 现在聊到我特别感兴趣的问题了，我这次为什么到龙华调研呢？龙华面临区建设、区规划。在这种快速变革的背景下，有没有龙华特有的社会问题？

王卫城：没有。据我的了解，深圳没有。我本人是学社会学的。我也在思考这些问题。深圳的文化是相通的。福田、南山和罗湖，这些区肯定有差别，但本质上是一样的，大的结构上是一致的。细节上有不同，比如姓氏不同，收入水平不同。深圳40万人，分两类，一类是广府人，一类是客家人。要说龙华的特点，我找不出来。

郭立军：这里有没有国外的NGO？

王卫城：有。刚提到的青湖学堂，我师妹在搞，我也提醒他们警惕，不要被人当枪使。